W0233592

Sybil Gräfin Schönfeldt

# Das Ravensburger
# Kochbuch
## für Kinder

Illustrationen
von Dorothea Desmarowitz
Fotos von Ernst Fesseler

Ravensburger Buchverlag

**Die Zutaten für die Rezepte in diesem Buch sind berechnet für 4 Personen. Ausnahmen sind entsprechend gekennzeichnet.**

**Folgende Abkürzungen kommen vor:**
**1 EL = 1 Esslöffel**
**1 TL = 1 Teelöffel**
**1 l  = 1 Liter**
**1 g  = 1 Gramm**
**1 kg = 1 Kilogramm**

Die Deutsche Bibliothek – CIP-Einheitsaufnahme
Ein Titeldatensatz für diese Publikation ist bei
Der Deutschen Bibliothek erhältlich.

Die Schreibweise entspricht den Regeln
der neuen Rechtschreibung.

© 1998, 2003 Ravensburger Buchverlag
Otto Maier GmbH
Alle Rechte, auch die des auszugsweisen
Nachdrucks, der fotomechanischen Wiedergabe
und der Übersetzung, vorbehalten.
Illustrationen: Dorothea Desmarowitz
Fotos: Ernst Fesseler
Foto Seite 52: Johannes Volz
Umschlagfoto: Heidi Velten
Umschlag: Ute Schwarz

Printed in Germany

4 3 2 1   06 05 04 03

ISBN 3-473-37841-0
www.ravensburger.de

# Inhalt

# Das brauchst du zum Kochen

Probier-löffel

Pfanne

Küchenschere

Küchenwecker

Kochtopf und Topfhandschuhe

Durchschlag

Sieb

Auflaufform

Holz-gabel

Messbecher

Kasserolle

Rohkostreibe

Schnee-besen

Teig-schaber

Pfannen-wender

Rührlöffel

Zitruspresse

Kastenform

Springform

Backpinsel

Rührgerät und Rührschüssel

Teig-rädchen

Nudelholz

Napfkuchen-form

Hack- und Schneidebrett

# Das musst du beim Kochen beachten

**Wenn du in die Küche kommst:**
- Hände waschen (keine Parfümseife)
- Schürze umbinden
- Rezept gründlich lesen

**Wenn du mit dem Kochen anfangen willst:**
- Zutaten holen
- abwiegen, abmessen
- Geräte zusammenstellen

**Wenn du aus der Küche musst:**
- Pfanne vom Herd, damit nichts anbrennt
- Gas- oder Elektroherd abstellen

**Was du während des Kochens erledigen kannst:**
- Tisch decken
- Getränke zurecht-stellen
- Abwaschen nicht vergessen!

**Das kann jeder**

# Tomaten mit Mozzarella

 **Du brauchst:**

4 Tomaten
Mozzarella
Salz
Pfeffer
½ Zitrone
2 EL Olivenöl
frische Basilikum-
blätter

 **Zurechtstellen:**

große Platte
Küchenmesser
Küchenbrett
Esslöffel
Küchenschere

**Variationen:**
So kann man auch
andere Gemüse
anrichten: Tomaten,
Zucchini und Moz-
zarella. Oder Toma-
ten und Mozzarella
mit gekochten Blu-
menkohl- und Brok-
koliröschen. Oder in
Scheiben geschnit-
tene und gedüns-
tete Paprikaschoten
mit Tomaten und
Mozzarella.

Tomaten waschen und
in Scheiben schneiden.
Käse in Scheiben
schneiden.

Die weißen und roten
Scheiben abwechselnd
auf die Platte schichten,
pfeffern und salzen.
Den Saft der halben
Zitrone darüber aus-
pressen.

Basilikumblätter
waschen, gut trocken
tupfen und mit der
Schere in Streifen
schneiden.
Gleichmäßig auf die
Scheiben streuen.

Das Ganze mit Olivenöl
beträufeln und gleich
auf den Tisch bringen.

# Spaghetti

Das Wasser mit dem Salz aufsetzen.
Auf große Hitze stellen (Stufe 3).

✐ **Du brauchst:**

250 g Spaghetti
1 TL Salz
2 EL Öl
2 – 3 l Wasser
1 Stück Butter
etwas geriebenen Käse

Wenn das Wasser sprudelnd kocht, Spaghetti in die Faust nehmen, senkrecht hineinstellen.

Wenn sie weich werden, ins Wasser kringeln.
Auf kleine Hitze stellen (Stufe 1).

Die letzten Nudeln mit der Gabel eintunken.
Öl hineingießen.

**Tipp:** Das Öl verhindert, dass die Spaghetti aneinander kleben. Das macht ihr bei Bandnudeln und Makkaroni genauso.

Noch einmal umrühren und 10 – 15 Minuten ohne Deckel garen.

## ⚲ Zurechtstellen:

großer Topf (4 l)
Holzgabel
Durchschlag
Topfhandschuhe

Topf mit Topflappen anfassen und die Nudeln in den Durchschlag schütten.

So kocht man auch alle anderen Nudelsorten. Die Kochzeit ist auf der Packung angegeben.

Die Spaghetti in die vorgewärmte Schüssel füllen.

Dazu schmecken ein Stück Butter und geriebener Käse oder die Hackfleischsauce von Seite 11.

# Wie geht das? Zwiebeln würfeln

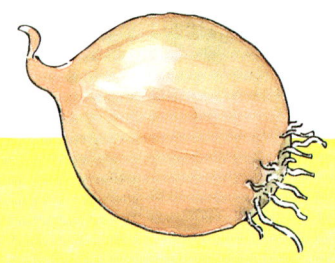

**Tipp:** Holzbretter saugen Saft auf. Deshalb das Brett vor dem Zwiebel-, Kräuter- oder Tomatenschneiden unter kaltes, fließendes Wasser halten.

**1.** Zwiebel häuten, Zipfel dranlassen, Zwiebel halbieren.

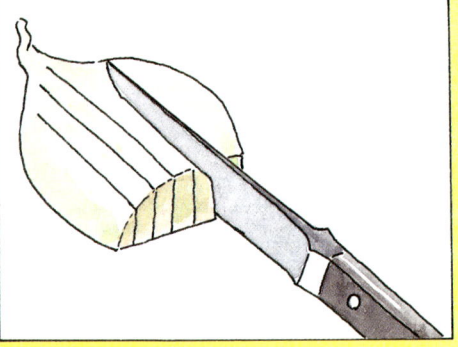

**2.** Zwiebelhälfte bis an den Zipfel einschneiden, flache Seite unten.

**3.** Einmal quer schneiden.

**4.** Am Zipfel halten und würfeln, den Rest extra zerschneiden.

# Hackfleischsauce

**Du brauchst:**

2 – 3 EL Margarine
oder Öl
1 große Zwiebel
250 g gemischtes
Hackfleisch
1 EL Mehl
1 kleine Dose
Tomatenmark
½ Brühwürfel
1 Messerspitze
Pfeffer
1 Prise Zucker
½ TL Majoran oder
Oregano

**Zurechtstellen:**

Kasserolle
Holzgabel
Löffel
Tasse
Holzbrett
Messer

**Tipp:** Kräuter zwischen den Fingerspitzen zerreiben, dann kommt das Aroma mehr zur Geltung!

Das Fett in einer Kasserolle auf Mittelhitze heiß werden lassen. Unterdessen die Zwiebel schälen und würfeln (siehe Seite 10), in den Topf geben, umrühren, bis sie glasig ist.

Hackfleisch auf einmal dazugeben, mit der Holzgabel auseinander brechen und wenden, bis es nirgendwo mehr rot ist.

Mehl, Tomatenmark, zerbröselten Brühwürfel, Pfeffer, Zucker und Majoran dazugeben.

Alles umrühren. 1 – 2 Tassen heißes Wasser dazugießen und 10 Minuten leise kochen. Die Sauce schmeckt gut zu den Spaghetti von Seite 8.

# Reis im Topf

Tomaten und Pilze waschen und abtropfen lassen. Tomatenstiele herauszupfen.

**Du brauchst:**

1 Tasse Langkornreis
1 Brühwürfel
2 Tassen Wasser
3 Scheiben durch-
wachsenen Speck
4 Tomaten
(oder 5 kleine)
250 g frische
Champignons
2 Zwiebeln
10 Pfefferkörner
(grün oder weiß)
1 TL Majoran
1 Stückchen Kräuter-
butter (oder Butter)

Tomaten in 8 Stücke teilen und grüne Stielansätze (giftig!) herausschneiden.

Pilze zum Trocknen auf Haushaltspapier legen und in Scheiben schneiden.

Speck erst in Streifen, dann in Würfel schneiden. Auf den Topfboden legen und andünsten. Auf kleine Hitze stellen (Stufe 1).

**Tipp:** Fleischbrühe geht ganz schnell, wenn Wasser mit gekörnter Brühe oder Instant-Fleisch-brühe verquirlt wird. 1 TL auf ¼ l heißes Wasser.

**Tipp:** Reis nimmt beim Kochen Wasser auf und quillt. Das geht besser, wenn das Kochwasser noch kein Salz enthält. Deshalb Reis immer erst nach dem Kochen salzen.
1 Tasse Reis schluckt 2 Tassen Wasser.

 **Zurechtstellen:**

Schmortopf mit Deckel (oder feuerfestes Glas)
Küchenmesser
Holzbrett
Tasse
Sieb
Haushaltspapier

Zwiebeln in Würfel schneiden (siehe Anleitung Seite 10) und in den Topf geben.

Pilze, Pfeffer, Majoran, Tomaten dazugeben. Dazu: 1 Tasse Reis, Brühwürfel und 2 Tassen Wasser.

Hitze etwas größer einstellen (Stufe 2). Aufkochen lassen – dann Deckel drauf und 20 Minuten bei kleiner Hitze (Stufe $1/2$) garen.

Deckel mit Topflappen abheben. Butter untermischen und servieren.

# Eischwerkuchen mit Rosinen

Eier einzeln aufschlagen und in eine kleine Schüssel geben.

 **Du brauchst:**

5 Eier
250 g Mehl
250 g Zucker
250 g Margarine
100 g Rosinen
1 Prise Salz
Semmelbrösel

In die Rührschüssel kommen dann Mehl, Salz, Margarine, Zucker und aufgeschlagene Eier.

**Puppenkuchen**
Beim Eischwerkuchen sind alle Zutaten so schwer wie Eier. (1 Ei wiegt etwa 50 g.) Wenn du also einen Puppenkuchen machen willst, nimm 2 Eier und von allem anderen je 100 g.

Den Teig mit dem Rührgerät etwa 3 Minuten rühren. Erst auf Stufe 2, dann Stufe 3, bis der Teig hell und cremig ist.

Backofen auf 180 °C vorheizen.

**Apfel- oder Zwetschgenkuchen**
Für jeweils ein Blech braucht man:
8 Eier, 400 g Zucker, 400 g Mehl und 400 g Margarine.
Backzeit:
etwa 30 Minuten.

Rosinen warm waschen, abtrocknen und einmehlen (sonst sinken sie) und in den Teig rühren.

14

**Tipp:** 3 Esslöffel Semmelbrösel in die eingefettete Form geben und hin und her drehen, bis überall Brösel kleben. Der fertige Kuchen lässt sich dann gut stürzen.

**Zurechtstellen:**

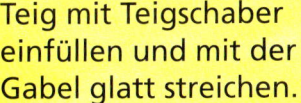

kleine Schüssel
Rührgerät oder
Schneebesen
Waage oder Messbecher
hohe Rührschüssel
Sieb
Teigschaber
Backpinsel
Backform
Stricknadel

**Tipp:** Wenn der Kuchen nicht herausrutscht, mit dem Messer nachhelfen. Er muss abgekühlt sein!

Form (Kasten-, Spring- oder Gugelhupfform) mit Margarine einfetten oder mit Backtrennpapier (nach Packungsvorschrift) auslegen.

Teig mit Teigschaber einfüllen und mit der Gabel glatt streichen.

In den Backofen (unterste Schiene) stellen. 60 Minuten backen, dann die Garprobe mit der Stricknadel machen. Nadel einstechen; klebt kein Teig daran, dann ist der Kuchen gar.

Der Kuchen kann abkühlen und gestürzt werden. Kuchenplatte auf die Form legen und beides umdrehen.

# Gurkensalat mit Joghurt

Gurke waschen und in Scheiben schneiden oder hobeln und in die Salatschüssel schütten.

Wasser, Essig, Zucker und je eine Prise Pfeffer und Salz in einem Stieltopf aufkochen lassen.

Die heiße Marinade auf die Gurkenscheiben gießen. Die Schüssel zudecken und den Inhalt erkalten lassen.

Dill waschen, klein hacken und die Gurkenscheiben damit bestreuen.

Den Joghurt unter den Salat heben.

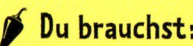 **Du brauchst:**

Salatgurke
Dill
2 EL Wasser
4 EL Essig
2 EL Zucker
Pfeffer, Salz

**Zurechtstellen:**

Reibeisen
Schüssel
Küchenmesser
Küchenbrett
kleiner Stieltopf

**Tipp:** Salat als Vorspeise schmeckt gut und sieht auf Portionstellern angerichtet hübsch aus.

**Salat ist gesund:** Er ist vitaminreich und enthält wenig Kalorien (Joule), macht aber dennoch satt durch die festen unverdaulichen Bestandteile der Gemüse und Früchte, die man „Zellulose" nennt. Die Zellulose sorgt außerdem für gute Verdauung.

# Wie geht das? Salatdressing

**Tipp:** Das Salatdressing ist eine Grundsauce die man in einer Flasche im Kühlschrank vorrätig haben und mit Senf oder einem Eidotter je nach Geschmack verändern kann.

**1.** Je 1 Prise Salz, Pfeffer und Zucker mit 1 EL Essig verrühren.

**2.** Dann kommen 3 – 4 EL Öl dazu.

**3.** Dazu passen auch Kräuter wie Petersilie, Dill, Schnittlauch, Estragon ...

**4.** Das Dressing erst kurz vor dem Servieren auf den Salat gießen und durchmischen.

# Allerlei mit Ei

# Eier kochen

**Du brauchst pro Person:**

1 Ei

**Zurechtstellen:**

Topf
Topflappen
Küchenwecker

Nimm pro Person 1 frisches Ei, lege die Eier vorsichtig in einen großen Topf und lass so viel Wasser einlaufen, dass die Eier gerade bedeckt sind.

Topf ohne Deckel auf den Herd stellen, bei starker Hitze zum Kochen bringen. Jetzt auf die Uhr schauen: Weiche Eier müssen 3 – 4 Minuten kochen, feste Eier kochen 5 Minuten, harte Eier 6 – 8 Minuten.

Den Deckel auf den Kochtopf legen, mit dem Topflappen festhalten und das heiße Wasser abgießen.

Dann kaltes Wasser darüber laufen lassen. Alle gekochten Eier werden abgeschreckt, damit sie sich gut aus der Schale lösen.

**Eiersalat:**
Koche 2 – 3 Eier mehr als du brauchst. Die Eier dann in Scheiben schneiden. Schinken würfeln und Radieschen in Scheiben schneiden. Dazu 1 EL Mayonnaise und 1 EL Salatdressing von Seite 17. Alles miteinander mischen und fertig ist der Eiersalat.

# Wie geht das? Eier trennen

**Wie frisch ist das Ei?**

Jedes Ei hat an der runden Seite eine Luft-
blase. Je älter das Ei, desto mehr Luft dringt
durch die poröse Schale, desto größer also
die Kammer: Das Ei schwimmt!

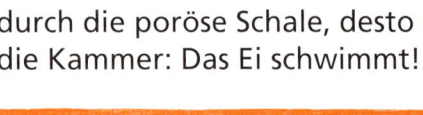

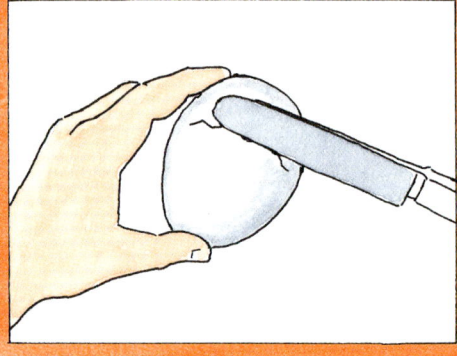

**1.** Mit der stumpfen Messerseite
einen Spalt schlagen.

**2.** Über einem Gefäß vorsichtig
auseinander brechen (Daumen an
Daumen).

**3.** Eigelb von einer Schale zur
anderen kippen, bis alles Eiweiß
herausgelaufen ist.

**4.** Das Eigelb in ein zweites Gefäß
geben.

# Wie geht das? Eischnee

**Wozu braucht man Eischnee?**
Du kannst ihn unter einen kochend heißen Flammeri heben. Das macht ihn besonders locker. Oder man streicht ihn als Haube auf einen Auflauf oder Kuchen.

**1.** Saubere Schüssel ohne Fettspuren verwenden. Eiweiß in die Schüssel geben.

**2.** Zuerst langsam, dann schnell schlagen (Rührgerät: zuerst Stufe 1 oder 2, dann Höchststufe).

**3.** Ein paar Tropfen Zitronensaft oder Essig zum halb festen Schnee geben. Säure lässt Eiweiß gerinnen und macht den Schnee fest.

**4.** Zucker nur löffelweise dazugeben, sonst erdrückt er die Bläschen.

# Rührei

Eier aufschlagen und mit Milch verquirlen. Mit einer Prise Salz würzen.

 **Du brauchst für eine Person:**

2 Eier
2 EL Wasser oder Milch
1 Prise Salz
1 EL Margarine
Schnittlauch

Die Margarine in der Pfanne auf starker Hitze (Stufe 3) schmelzen. Eiermischung auf einmal in die Pfanne gießen und einen Moment braten. Auf kleine Hitze stellen (Stufe 1).

 **Zurechtstellen:**

Schneebesen oder Rührgerät
Rührbecher
Pfanne
Pfannenwender

Mit dem Pfannenwender das gestockte Ei von außen nach innen schieben. Zum Schluss umwenden, wenn es fest, aber noch feucht ist.

**Variationen:**
Fein geschnittenen Schnittlauch oder fein gehackte Petersilie mit der Eiermilch verquirlen. Ein gewürfeltes Würstchen hineingeben oder gedünstete Pilze oder Krabben ...

Auf einem Butterbrot servieren (den Teller vorwärmen) und mit Schnittlauch bestreuen.

Schichten: Eine Scheibe Graubrot mit einer Scheibe Schinken oder Käse belegen und obendrauf das Rührei.

# Obst-Eierstich

Zucker, Milch, Eier miteinander verquirlen.

Früchte waschen und entstielen.

Backofen auf 180 °C vorheizen.

 **Du brauchst:**

8 Eier
1 l Milch
4 EL Zucker
750 g Erdbeeren,
Kirschen oder Him-
beeren (Tiefkühl-
früchte gefroren in
die Form geben)
etwas Fett

 **Zurechtstellen:**

Rührschüssel
Schneebesen
Durchschlag
Auflaufform
Saftpfanne

Auflaufform mit Fett auspinseln (Margarine). Früchte hineinlegen, Eiermilch darauf gießen.

Saftpfanne mit Wasser füllen, die Form hinein-stellen, 30 Minuten im Backofen garen. Garprobe (Seite 15) machen.

# Pfannkuchen

Mehl, Salz, Eier und
Milch verquirlen.
15 Minuten stehen
lassen.

Etwas Fett in der Pfanne
heiß werden lassen. Die
Kochstelle auf mittlere
Hitze stellen (Stufe 2).

Nur so viel Teig in die
Pfanne geben, dass der
Pfannenboden gut be-
deckt ist.

Wenn eine Seite fest ist,
den Pfannkuchen um-
wenden. Wieder Fett in
die Pfanne geben und
die zweite Seite backen.
Heiß servieren mit Zimt
und Zucker oder mit
Kompott.

**Du brauchst:**

200 g Mehl
1 TL Salz
3 Eier
½ l Milch

**Zurechtstellen:**

Rührschüssel
Schneebesen
Pfanne
Schöpflöffel
Pfannenwender

**Tipp:** Der Pfann-
kuchenteig wird
knusprig, wenn
du ihn mit Wasser
verquirlst. Mit Milch
wird er weich, mit
Backpulver (1 Mes-
serspitze) geht er
etwas auf.
Mit einem Tropfen
Lebensmittelfarbe
kannst du die
Pfannkuchen bunt
färben.

# Käsetoast

Auflaufform ausfetten. Scheiben wie Dachziegel hineinlegen: Brot, Käse, Brot, Käse ...

Backofen auf 200 °C vorheizen.

Eier und Milch verquirlen und mit Salz und Pfeffer würzen.

Die Eiermilch auf die Scheiben gießen, und die Form auf die mittlere Schiene in den Backofen schieben.

Im Backofen 30 Minuten backen, dann mit Schnittlauch und Salat heiß servieren.

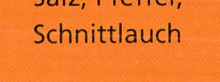 Du brauchst für 4 Personen:

8 Scheiben Toast
8 Scheiben Emmentaler Käse
3 Eier
¼ l Milch
Salz, Pfeffer, Schnittlauch

Zurechtstellen:

Backpinsel
Rührschüssel
Schneebesen
Auflaufform

# Alles mit Mehl

# Nudelteig

 **Du brauchst:**

175 g Mehl und
etwas Mehl zum
Ausrollen
1 Ei
½ TL Salz
½ Tasse Wasser

 **Zurechtstellen:**

Messbecher
Löffel
Nudelholz
Messer
Kochtopf

**Käse-Nudeln:**
Die abgetropften
Nudeln mit Butter-
flocken und Reib-
käse bestreuen.
Du kannst auch
noch ein paar ge-
dünstete Zwiebel-
ringe dazugeben.
Das schmeckt gut!

Das Mehl auf die Tisch-
platte geben, in der
Mitte eine Vertiefung
machen und Wasser,
Salz und Ei hineingeben.

Mit einer Gabel etwas
Mehl mit Ei und Wasser
verrühren und alles zu
einem Teig verkneten,
den du von Zeit zu Zeit
auf die Tischplatte schlagen kannst. Das macht
ihn geschmeidig.

Den Teig dann so dünn
ausrollen, wie du es
kannst. Mit einem schar-
fen Messer den Teig in
Bandnudelstreifen
schneiden und trocknen
lassen.

Die Bandnudeln dann in
viel Salzwasser wie
Spaghetti (siehe Seite 8)
kochen. Dabei quillt die
Mehlstärke, die Nudeln
werden weich und zart.

# Plätzchenteig (Mürbteig)

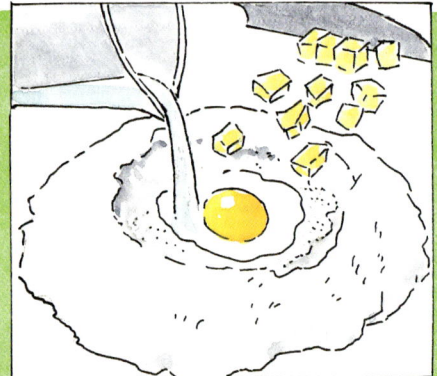

Das Mehl aufs Backbrett oder die Tischplatte geben. In der Mitte eine Vertiefung machen. Das Fett in Flocken, den Zucker, das Ei oder das Eigelb, das Wasser und das Salz hineingeben.

 **Du brauchst:**

250 g Mehl
150 g Butter oder Margarine
60 g Zucker
1 Ei oder 1 Eigelb
2 EL kaltes Wasser
1 Prise Salz

 **Zurechtstellen:**

Messbecher
Gabel
Suppenteller

Mische mit einer Gabel Eier, Zucker und Wasser, gib auch ein bisschen Mehl und Fettflocken dazu, bis ein geschmeidiger Brei entsteht.

Knete mit der Hand den Rest Mehl dazu, falls nötig. Der Teig ist richtig, wenn er kein Mehl mehr annimmt, wenn du keine Fettflöckchen mehr erkennen kannst, wenn er sich schön geschmeidig anfühlt.

Das Fett hat die Plätzchen mürbe und locker gemacht: Es ist in der Backhitze geschmolzen; das Wasser hat sich in der Hitze zu Dampf verwandelt und das Gebäck hochgetrieben und gelockert.

Mehl auf einen Teller streuen, den Teig darauf legen. Etwas Mehl darüber streuen. Mit Folie zugedeckt in den Kühlschrank stellen.

# Gefüllte Kekse

**Tipp:** Teige ohne Zucker bräunen langsamer oder nicht so stark. Wenn du einen Teig mit viel Zucker hast, dann musst du ganz besonders darauf achten, dass nichts anbrennt.

Den Teig auf dem bemehlten Tisch ausrollen. Aus einer Hälfte große Kreise ausstechen.

## Du brauchst:

Plätzchenteig
(von Seite 28)
Himbeergelee oder
Erdbeermarmelade
Puderzucker

## Zurechtstellen:

Küchenrolle
Blech
Sieb
2 verschieden große
Gläser
Fingerhut

Aus der zweiten Hälfte kleinere Kreise ausstechen (genauso viele).

Backofen auf 180 °C vorheizen.

Aus den kleineren Keksen mit dem Fingerhut Löcher ausstechen. Ein Blech einfetten. Kekse drauflegen und 10 Minuten backen.

Abkühlen lassen, einen Klecks Gelee in die Mitte löffeln, Kringel draufsetzen und festdrücken.

Mit Puderzucker bestäuben.

# Wie geht das? Zuckerguss

Zuckerguss sieht hübsch bunt aus, und hält die Plätzchen oder die Torte feucht und frisch.

Zuckerguss einfärben:
weiß:   2 EL Zitronensaft
rosa:   2 EL Kirschsaft
braun:  1 – 2 EL Kakao und
         2 EL Wasser

**1.** Verrühre 200 g Puderzucker und 2 EL Wasser oder Saft.

**2.** Ist der Guss zu flüssig: noch etwas Puderzucker dazugeben.

**3.** Ist der Guss zu steif: einen Tropfen Wasser dazugeben.

**4.** Guss mit dem Pinsel oder Löffel auftragen.

# Marmorkuchen

 **Du brauchst:**

Eischwerkuchen-Teig
ohne Rosinen (von
Seite 14)
200 g Puderzucker
2 EL Kakao
2 EL Milch
Margarine
Semmelbrösel

 **Zurechtstellen:**

Backform
Rührschüssel
Rührgerät
Gabel
Löffel

Die Backform mit Margarine ausfetten und Semmelbrösel hineingeben. Eischwerkuchen-Teig halbieren und eine Hälfte in die Form füllen.

Backofen vorheizen.

Die andere Teighälfte mit dem Kakao und der Milch vermischen.

Diesen Teig ebenfalls in die Backform füllen und das Ganze mit einer Gabel spiralförmig durchziehen.

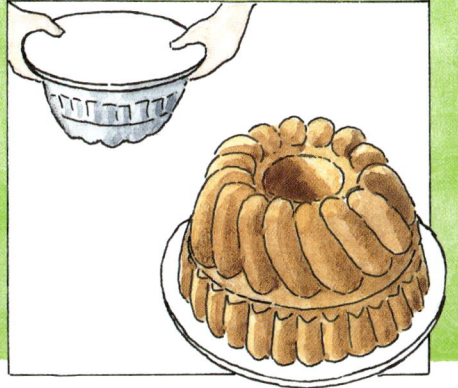

Im vorgeheizten Backofen 60 Minuten backen. Nach dem Erkalten stürzen.

Obst und Gemüse

# Obstsalat

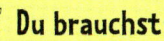
3 Äpfel
3 Bananen
3 Orangen
3 EL Zucker
Saft einer halben
Zitrone
(Nüsse, Sahne, Kekse)

 **Zurechtstellen:**

Messer
Küchenbrett
Teller
Schüssel
Zitruspresse

**Tipps:** Schmeckt
auch mit Nüssen
sehr lecker!
Verändern kann
man Obstsalate je
nach Marktange-
bot, im Sommer
z. B. mit Erdbeeren,
Johannisbeeren,
Himbeeren. Aber
nie mehr als 3 – 4
Sorten mischen,
sonst schmeckt man
gar keine Früchte
mehr heraus.

Äpfel waschen, schälen,
vierteln, entkernen und
würfeln.

Bananenschale
abziehen, Banane in
dünne Scheiben
schneiden.

Orangen schälen (auch
die weiße Haut abzie-
hen) und auf einem Tel-
ler (zum Saftauffangen)
in dünne Scheiben
schneiden.

Früchte vermengen und
zuckern. Zitronensaft
darüber träufeln, zu-
decken. Im Kühlschrank
eine Stunde ziehen
lassen. Mit Sahne oder
Keksen servieren.

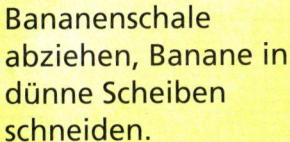

# Äpfel im Schlafrock

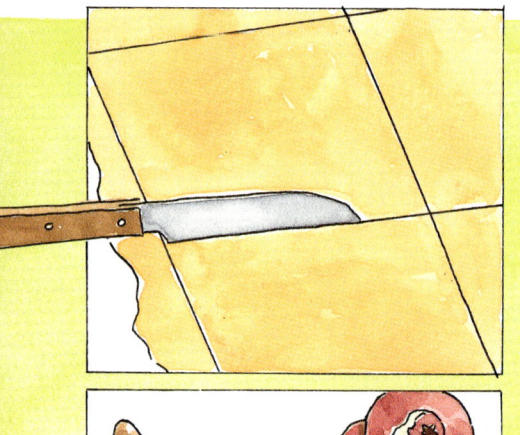

Teig auf bemehltem Tisch ausrollen, in 4 Quadrate schneiden (15 – 20 cm groß).

Äpfel waschen und schälen. Kerngehäuse ausstechen.

Backofen auf 200 °C vorheizen.

Auf jedes Teigstück einen Apfel setzen. Zucker, Rosinen und Nüsse mischen. Den Apfel damit füllen und obendrauf die Butter setzen.

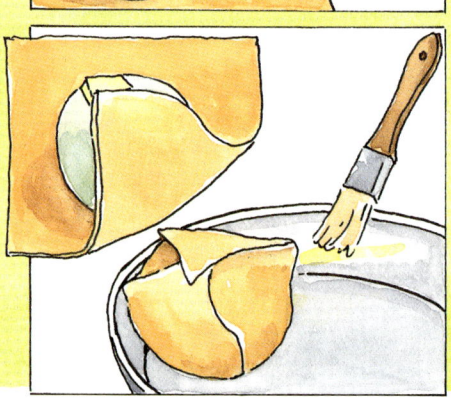

Teig über dem Apfel zusammenschlagen. Nähte gut festdrücken. Form ausfetten, Äpfel hineingeben und 30 – 35 Minuten backen. Heiß oder kalt essen mit Schlagsahne oder Vanillesauce.

**Du brauchst:**

Plätzchenteig (von Seite 28)
4 gleich große Äpfel
4 EL Rosinen
4 EL gehackte Nüsse
4 EL Zucker
4 Stückchen Butter

**Zurechtstellen:**

Küchenmesser
Apfelausstecher
Nudelholz
Auflaufform oder Blech
Backpinsel

# Möhren-Rohkost

🐝 **Du brauchst:**

500 g Sommer-
mohrrüben
4 EL Öl
1 – 2 EL Zitronensaft
1 Prise Salz

🍴 **Zurechtstellen:**

Rohkostreibe
Messer, Löffel
Schüssel
Zitruspresse

**Tipps:** Junges Gemüse ist so zart und saftig wie Obst. Deshalb sollte man es oft roh essen. Wie Obst kurz unter kaltem, fließendem Wasser waschen, erst dann zerschneiden und nie im Wasser liegen lassen!

Salat als Hauptgericht muss satt machen, deshalb ergänzt man ihn durch gekochtes Fleisch (Huhn, Schinken, Wurst usw.), gekochten Reis oder gekochte Nudeln.

Mohrrüben schaben, Spitze und Blatt am Ansatz abschneiden.

Mohrrüben in eine Salatschüssel raspeln.

Mit den anderen Zutaten würzen und vermischen.

Zudecken und eine halbe Stunde ziehen lassen.

# Kartoffelsalat

Kartoffeln waschen und im Topf mit 1/4 l Wasser aufsetzen. Deckel nicht vergessen. Kochplatte auf große Hitze stellen (Stufe 3).

Wenn die Kartoffeln kochen, Kochplatte auf kleine Hitze schalten (Stufe 1).
Nach 20 Minuten mit Gabel einstechen. Sind sie weich, also gar?

Wintersalate bestehen aus gekochtem Gemüse. Frische gehackte Kräuter dazugeben!

Dann Herdplatte ausschalten! Wasser abgießen und die Kartoffeln kalt abschrecken.

## Du brauchst:

1 kg Kartoffeln
1 Apfel
2 Zwiebeln
2 Gewürzgurken
1 EL Essig
3–4 EL Öl
½ Tasse Fleisch-
brühe

Kartoffeln pellen und in Scheiben schneiden. Zwiebeln würfeln wie auf Seite 10 beschrieben.

**Zurechtstellen:**

Messbecher
Kochtopf
Küchenhandschuhe
Messer
Küchenbrett
Schüssel
Löffel
Gabel
Tasse

Brühwürfel in heißem Wasser auflösen. Öl und Essig dazurühren.

Kartoffeln und Zwiebeln damit begießen. Zudecken und 1 Stunde ziehen lassen.

**Tipps:**
Zu Kartoffelsalat passen Würstchen oder Spiegeleier.

Du kannst den Kartoffelsalat abwandeln, indem du ein paar Scheiben von einer gekochten Sellerieknolle würfelst oder gekochte Rote Bete in Scheiben schneidest und unter den Salat hebst.

Apfel würfeln. Gurken in Scheiben schneiden und würfeln.

Zum Salat geben, alles gut vermengen.
Mit Salz und Pfeffer abschmecken.

# Sonntags-frühstück

# Kaffee und Tee

 **Du brauchst:**

Kaffeepulver oder
Schwarztee
Wasser

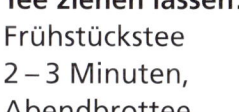 **Zurechtstellen:**

Kaffee- / Teekanne
Kaffeefilter
Teelöffel oder
Messlöffel
Küchenwecker
Wasserkessel
Sieb

**Tee ziehen lassen:**
Frühstückstee
2 – 3 Minuten,
Abendbrottee
5 Minuten.

**Tipp:** Tee wirkt
umso beruhigender,
je länger er zieht.
Aber nicht länger
als 5 Minuten, sonst
wird er bitter!

Auf die Kaffeekanne
den Filter mit einer
Filtertüte setzen. Pro
Tasse einen gehäuften
Teelöffel (oder einen
gestrichenen Messlöffel)
Kaffeepulver in die
Filtertüte geben.

Wasser aufkochen
lassen, etwas auf den
Kaffee gießen und
diesen quellen lassen,
dann nach und nach
den Rest draufgießen.

Pro Person 1 Teelöffel
Tee in die Kanne geben,
mit kochendem Wasser
auffüllen (pro Person
etwa 1/4 l), zugedeckt
ziehen lassen.

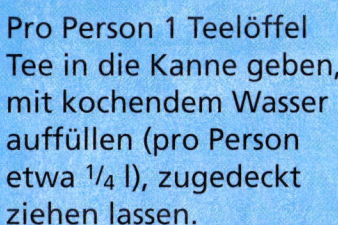

Dann in eine Servier-
kanne umfüllen, die
vorher mit heißem
Wasser ausgeschwenkt
wurde. Den Tee dabei
durch ein Sieb gießen.

# Kakao

Für kalten Kakao
2 gehäufte Teelöffel
schnelllösliches Schoko-
ladenpulver in ein Glas
geben.

Kalte Milch dazugießen
und umrühren – fertig!

**Sommer-Kakao:**
In einen Becher
Kakao kommt eine
Kugel Vanilleeis
oder Krokanteis

Für heißen Kakao
1 Teelöffel Kakaopulver
und 1 – 2 Teelöffel
Zucker in der Tasse mit
etwas Milch verrühren.

Mit heißer Milch aufgie-
ßen und gut umrühren.

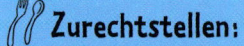 **Du brauchst:**

    Kakaopulver
    schnelllösliches
    Schokoladen-
    pulver für kalten
    Kakao
    Milch

**Zurechtstellen:**

    Tasse
    Teelöffel
    Kochtopf

# Milchmix

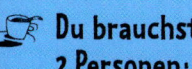 **Du brauchst für
2 Personen:**

½ Banane
1 EL Zitronensaft
1 EL Zucker
½ l Milch
1 Prise Zimt

 **Zurechtstellen:**

Schüssel
Löffel
Gabel
Schneebesen
Gläser

Die Banane mit der
Gabel zerquetschen.

Mit dem Zitronensaft
verrühren und zuckern.

Die Milch aufgießen und
gut verquirlen.

In zwei Becher gießen
und mit Zimt bestreuen.

**Tipp:** Wer ein Rühr-
gerät hat, kann alle
Zutaten in einen
Krug geben und mit
dem Rührgerät
schaumig rühren.

# Liptauer Käse

Den Quark mit weicher Butter in eine Schüssel geben.

Gewürze dazugeben und alles verrühren.

Fein gewürfelte Zwiebel (siehe Seite 10) dazugeben, abschmecken, eventuell nachsalzen.

Den Liptauer Käse in eine Servierschüssel füllen. Er schmeckt besonders gut auf Schwarzbrot oder Vollkornbrot. Auf das Käsebrot Radieschenscheiben geben.

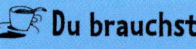 **Du brauchst:**

250 g Magerquark
100 g Butter
1 TL Paprikapulver edelsüß
1 Zwiebel
½ TL Salz
1 Messerspitze Pfeffer
nach Belieben etwas gemahlener Kümmel
Radieschen

 **Zurechtstellen:**

Teelöffel
Rührschüssel
Rührgerät
Schneidebrett
Schneidemesser
Servierschüssel

# Frühstücksmüsli

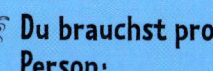 **Du brauchst pro Person:**

1 – 2 EL grobe
Haferflocken
1 EL Sahne
1 EL Zucker
2 – 3 EL Wasser
1 großer Apfel
Zitronensaft

**Zurechtstellen:**

Rohkostreibe
tiefer Teller
Löffel

Einen großen, gewaschenen, ungeschälten Apfel in den Teller raspeln.

Mit einem Esslöffel Zitronensaft darüber träufeln und sofort umrühren, damit sich das Obstfleisch nicht verfärbt.

Die Haferflocken dazugeben. Nach Geschmack Zucker und Sahne zugeben.

Ganz lecker: wenn man zum Schluss noch einen Esslöffel geriebene Haselnüsse über das Müsli streut. Den Apfel kann man übrigens ganz nach Belieben durch andere Früchte ersetzen.

# Gezuckerte Grapefruit

Die Grapefruit mit einem Grapefruit-Messer (gebogene Spitze und Sägezähne) in der Mitte durchschneiden. Das Fruchtfleisch ringsherum von der Schale lösen.

Die Segmente mit einem scharfen Messer innerhalb der weißen Haut lostrennen.

Jede Hälfte in eine Dessertschale legen, die etwa so groß wie die Grapefruithälfte ist, und gleich auf den Frühstücksteller stellen.

Vor dem Essen die Grapefruit mit Zucker bestreuen.

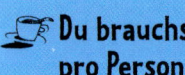 **Du brauchst pro Person:**

½ Grapefruit
Zucker

 **Zurechtstellen:**

Grapefruitmesser
Dessertschale
Löffel

# Schinkenrolle

 **Du brauchst:**

4 Scheiben gekochten
Schinken
4 Blatt Salat
4 EL Mayonnaise
4 Scheiben Emmen-
taler Käse
Pinienkerne oder
Walnüsse

**Zurechtstellen:**

großes Küchenbrett
Messer
Schüssel
Schere

**Variationen:** Statt
Käse und Pinienker-
nen kann man auch
zwölf Radieschen
raspeln und mit
Kresse vermengen.
Oder man nimmt
einen klein gehack-
ten Apfel und eine
Gewürzgurke.
Wer die Schinken-
rollen mag, wird
sich bald seine
eigene Mischung
ausdenken.

Die Schinkenscheiben
flach auf das Küchen-
brett legen und jede
Scheibe mit einem
Salatblatt bedecken.

Die Mayonnaise mit
dem klein gewürfelten
Käse und den Pinien-
kernen (oder grob
gehackten Walnüssen)
vermengen und
abschmecken.

Diese Mischung auf die
Salatblätter verteilen.

Die Schinkenscheiben
vorsichtig aufrollen und
mit dem losen Ende
nach unten gleich auf
den Teller legen.

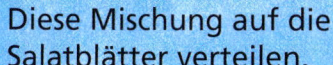

Verrückte
Namen

# Kröte im Loch

**Du brauchst:**

200 g Mehl
2 Eier
½ l Milch
4 – 6 Würstchen
1 TL Salz
Margarine für die
Form

**Zurechtstellen:**

Tasse
Rührschüssel
Rührgerät oder
Schneebesen
flache Auflaufform
Backpinsel
Spick- oder Stricknadel
Topflappen

**Garprobe:** Nimm
eine Stricknadel,
stich mitten in den
Teig. Wenn die
Nadel blank wieder
herauskommt, ist
der Teig gut. Klebt
noch feuchter Teig
an der Nadel, muss
der Auflauf oder
Kuchen noch
weitere 10 Minuten
garen.

Mehl, Salz und Milch in
den Rührbecher geben.
Ein Ei nach dem anderen
in eine Tasse schlagen
und zugeben. Alles
miteinander verquirlen.

Auflaufform mit Mar-
garine ausfetten.
Würstchen in die Form
legen und in den Back-
ofen schieben (mittlere
Schiene). Backofen auf
180 °C einstellen.

Nach 10 Minuten die
Form mit Topfhand-
schuhen aus dem Ofen
nehmen. Den Teig auf
die Würstchen gießen.

Das Ganze wieder in
den Ofen schieben.
40 – 45 Minuten backen
(Teig bläht sich auf).
Garprobe machen.
Der Auflauf wird heiß
gegessen. Dazu passt
Tomatensalat.

# Himmel und Erde

Bratwürste in eine Schüssel geben und mit heißem Wasser überbrühen. 5 Minuten darin liegen lassen, damit die Würste später beim Braten nicht so leicht platzen.

Am Himmel ist der Apfel gereift, in der Erde die Kartoffel gewachsen.

Mit Küchenkrepp abtrocknen. Mit der Gabel 5-mal anstechen. Fett in der Bratpfanne heiß werden lassen. Auf mittlere Hitze stellen (Stufe 2). Würste hineinlegen, öfter wenden, bis sie braun sind (10 Minuten).

Inzwischen Wasser und Salz zum Kochen bringen (Stufe 3). Topf vom Herd nehmen und Milch dazugeben. Püreepulver hineinrühren. Apfelmus mit dem Kartoffelpüree leicht mischen.

„Himmel und Erde" schmeckt gut mit gerösteten Zwiebeln!

 **Du brauchst:**

1 Paket Kartoffelpüree
¼ l Milch
½ l Wasser
1 Glas Apfelmus (350g)
4 Bratwürste
Fett zum Braten
etwas Salz

 **Zurechtstellen:**

Topf, Schüssel
Küchenkrepp (Haushaltspapier)
Schneebesen oder Rührgerät
Pfanne
Pfannenwender

# Arme Ritter

## Du brauchst:

8 Scheiben Weißbrot
von gestern
¼ l Milch
2 Eier
1 EL Zucker
1 Prise Salz
Fett zum Braten

## Zurechtstellen:

Rührschüssel
Schneebesen
flache Schale
Pfanne
Pfannenwender

Wenn die Ritter
kein Fleisch zu essen
hatten, haben sie
Brot gebraten.

In einer Rührschüssel mit
dem Schneebesen Eier,
Zucker, Salz und Milch
verquirlen.

Die Brote in einer fla-
chen Schale damit
begießen und einmal
wenden.

Fett (Margarine) bei
mittlerer Hitze (Stufe 2)
schmelzen lassen.
Die Scheiben von bei-
den Seiten goldbraun
backen.

Dazu Apfelmus reichen
oder Zimt und Zucker
darauf streuen.

# Schwimmende Insel

Puddingpulver und Zucker mit 3 Esslöffeln Milch in einer Tasse verrühren. Salz dazugeben. Restliche Milch in einer Kasserolle zum Kochen bringen.

Dann das angerührte Puddingpulver dazugeben.
Herd ausschalten. Gut umrühren und den Pudding 1 Minute aufkochen lassen.

Pudding in die Schüssel füllen. (Bei einer Glasschüssel Silberlöffel hineinstellen, damit sie nicht platzt.) Den Pudding kalt stellen. Inzwischen die Sauce (siehe Seite 51) zubereiten.

Pudding stürzen: Teller auf die Schüssel decken, mit beiden Händen festhalten, umdrehen und Schüssel abheben.

 **Du brauchst:**

½ l Milch
2 EL Zucker
1 Beutel Schokoladenpuddingpulver
1 Prise Salz

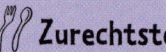 **Zurechtstellen:**

Tasse
Kasserolle
Schneebesen
Schüssel
Teller

Ein Schokoladenpudding schwimmt wie eine Insel im Meer aus Sauce.

# Vanillesauce

**Du brauchst:**

½ l Milch
2 EL Zucker
1 Beutel Vanille-
saucenpulver

**Zurechtstellen:**

Tasse
Kasserolle
Schneebesen
Teller

**Tipp:** Speisestärke
wird aus Weizen
oder Mais gewon-
nen und ist in einer
Minute gar gequol-
len. Vanillesaucen-
und Puddingpulver
enthalten u. a. Stär-
kemehl und haben
deshalb eine kurze
Garzeit. Wenn du
das Gericht länger
kochst, verliert die
Stärke ihre Binde-
kraft wieder und
wird flüssig!

In einer Tasse das
Saucenpulver mit dem
Zucker und 3 – 4 Esslöf-
feln Milch verrühren
oder in einem Schüttel-
becher mixen. Die Milch
in einen großen Topf
gießen. Herdplatte auf
groß schalten (Stufe 3).

Wenn die Milch kocht,
gießt du diese Mischung
auf einmal hinein.
Einen Elektroherd
kannst du jetzt abstel-
len. Die Nachhitze reicht
aus, um die Sauce wie-
der aufkochen zu lassen.

Die ganze Zeit mit dem
Schneebesen gut rüh-
ren, damit keine Klümp-
chen entstehen. Wenn
die Sauce aufkocht, nur
noch eine Minute auf
dem Herd lassen, dann
ist sie fertig.

Die kalte Vanillesauce
als Meer um die Insel
gießen.

# Wir feiern eine Party

# Aprikosenbowle

**Du brauchst:**

500 g frische
(oder 1 Kilo-Dose)
Aprikosen
1 Flasche Apfelsaft
Mineralwasser oder
Zitronenlimonade

**Zurechtstellen:**

Küchenbrett
Messer
Bowlentopf
Gläser

**Zitroneneiswürfel**
Diese Eiswürfel
eignen sich für alle
Saftgetränke: Saft
von 3 Zitronen und
1 – 2 Orangen mit
4 Esslöffeln Wasser
verquirlen und im
Eisfach zu Würfeln
gefrieren lassen.

**So verwechseln
deine Gäste ihre
Gläser nicht:**
Schneide verschie-
dene bunte Figuren
aus selbstklebender
Folie aus und be-
klebe damit die Glä-
ser. Oder bemale
Plastikbecher mit
bunten Farben.

Die Aprikosen waschen,
halbieren und abziehen
oder 1 Kilo-Dose Apri-
kosen öffnen und die
Fruchthälften in feine
Scheiben schneiden.

In einen Bowlentopf
geben und mit einer
Flasche Apfelsaft be-
gießen.

Zugedeckt 1 Stunde im
Kühlen ziehen lassen.

Beim Ausschenken
müssen immer ein paar
Fruchtstückchen mit im
Glas schwimmen. Jeder
Gast kann sich die Bowle
nach Belieben verlän-
gern mit Mineralwasser
oder Limonade.

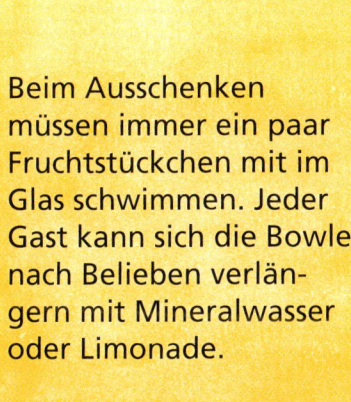

# Kümmelstangen

Mehl mit Backpulver, Quark und Fett (in Flocken) zum Teig verkneten, zur Kugel formen und 40 Minuten in den Kühlschrank legen. Ca. 4 mm dick ausrollen. In Streifen schneiden.

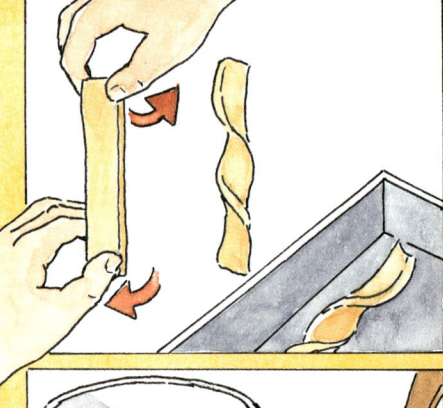

Das Backblech dünn einfetten. Die Teigstreifen (etwa 12 cm lang und 2 bis 3 cm breit) zwei- oder dreimal um sich selber drehen und nicht zu dicht nebeneinander auf das Backblech legen.

Den Backofen auf 180 °C vorheizen. Das Ei in das Schälchen schlagen, mit der Milch verquirlen und alle Teigstangen damit bepinseln. Achtung! Die Eiermilch sollte nicht auf das Blech rinnen – das verbrennt zu leicht!

Die Oberfläche der Teigstangen muss feucht sein; eventuell leicht nachpinseln. Mit Kümmel bestreuen und im vorgeheizten Ofen (mittlere Schiene) 8 – 12 Minuten backen.

**Variation:** Für Käsestangen ersetzt man Kümmel durch geriebenen Parmesankäse.
Kümmel- oder Käsestangen können warm oder kalt gegessen werden.

## Du brauchst:

250 g Mehl
½ Päckchen Backpul
250 g Magerquark
250 g Butter oder
Margarine
½ TL Salz
Kümmelkörner
Fett fürs Backblech
1 Ei
3 EL Milch

## Zurechtstellen:

Teigschaber
Nudelholz
Messer
Backpinsel
kleine Schale

# Geburtstagstorte

**Du brauchst:**

Eischwerkuchen-Teig
ohne Rosinen (von
Seite 14)
Fett für die Backform
½ Glas Orangen-
marmelade
1 Becher dunkle
Kuvertüre
Marzipanfiguren

**Zurechtstellen:**

Springform
starken Faden
breites Messer
Kochtopf
hitzefeste Schüssel
Gabel

**Der Küchentrick:**
Es gibt Kuvertüre,
die man in ihrem
Verpackungsbecher
ins heiße Wasser
stellt. Der Becher
hat einen Griff: sehr
praktisch zum Aus-
gießen!

Den Teig in der Spring-
form backen. Aus der
Form nehmen, abkühlen
lassen. Einen Faden über
Kreuz um den Kuchen
spannen und vorsichtig,
aber fest ziehen: Der
Kuchen wird halbiert.

Die obere Hälfte mit
dem Messer abheben.
Marmelade mit der Ga-
bel glatt rühren und auf
die untere Kuchenhälfte
streichen. Die obere
Hälfte wieder drauf-
legen, sanft andrücken.

In einem flachen Koch-
topf etwa 1/4 l Wasser
erhitzen. Die Kuvertüre
in einer hitzefesten
Schüssel zum Schmelzen
hineinstellen. Gleich auf
den erkalteten Kuchen
gießen und mit dem
Messer glatt streichen.

Den Kuchen mit gekauf-
ten oder selbst gemach-
ten Figuren verzieren.
Dafür Rohmarzipan auf
Puderzucker ausrollen.
Herzen ausstechen und
Schleifen mit dem
Messer ausschneiden.

# Knuspriges Krokodil

Baguette längs aufschneiden und vorsichtig aufklappen. Beide Hälften mit Kräuterbutter bestreichen.

**Tipp:** Das Krokodil auf ein Brett setzen, nach Belieben in ein Beet aus Petersilie, Strauchtomaten und kleinen eingelegten Maiskolben.

Die untere Hälfte abwechselnd mit Wurstscheiben und Käse belegen, zuklappen und gut festdrücken.

 **Du brauchst:**

1 langes dünnes Baguette
125 g Kräuterbutter
100 g Salami, geschnitten
100 g Camembert
100 g Fleischwurst geschnitten
4 Gewürzgurken
1 hart gekochtes Ei
1 rote Paprikaschote
1 gefüllte Olive
feste Mayonnaise
Ketschup

Dann das Gesicht modellieren: Eischeiben als Augen, Paprikakringel als Lippen, halbe Oliven als Nüstern, mit je einem Tupfer Mayonnaise festkleben.

 **Zurechtstellen:**

Sägemesser
4 Zahnstocher
scharfes Brotmesser
langes Holzbrett

Dem Krokodil die vier Gurkenbeine mit Zahnstochern gut erkennbar festpieken, damit keiner die Zahnstocher mitisst. Vorsichtig in Scheiben schneiden und diese mit Ketschup betupft essen.

# Fliegenpilz

**Du brauchst:**

feste Tomaten
Mayonnaise in der
Tube
hart gekochte,
geschälte Eier
Salatblätter

Tomaten waschen und
abtrocknen. Eine kleine
Kappe abschneiden. Mit
dem Löffel die Tomaten
aushöhlen.

Den Eiern die Spitze
abschneiden und die
Eier auf das abge-
schnittene Ende stellen.

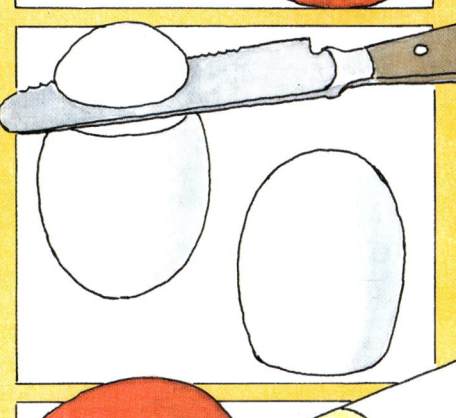

Mayonnaise drauf-
spritzen. Tomatenhälfte
draufstülpen.

**Tipp:** Für die
Gurkenfächer die
Gurken der Länge
nach mit einem
Küchenmesser
einschneiden und
auseinander ziehen.
Brote und Salate
damit verschönern.

Mayonnaise-Tupfen
draufsetzen. Es passen
dazu: Kartoffelsalat
oder Brot, Kräcker oder
Knäckebrot, Weißbrot
(vorher im Ofen heiß
machen, das ist beson-
ders lecker!). Gurken
fächrig schneiden.

# Schottischer Schaum

Die Sahne steif schlagen, Sahnesteif mit
1 EL Zucker verrühren und dazugeben.

Den Magerquark gut abtropfen lassen, mit Zucker, Orangenmarmelade und Zitronensaft verrühren.

Die Schlagsahne auf den Quark füllen und beides vorsichtig, aber gründlich miteinander vermengen.

Den schottischen Schaum in eine Glasschüssel füllen und nach Belieben mit Orangenscheiben oder mit Orangenschnitzen ohne Haut verzieren.

 **Du brauchst:**

¼ l Sahne
1 Beutel Sahnesteif
400 g Magerquark
2 EL Zucker
2 gehäufte EL bitte
Orangenmarmelade
½ Zitrone

**Zurechtstellen:**

Schneebesen
Schüssel
Messer
Löffel

# Küchen ABC

**Abschrecken:** Frisch Gekochtes kurz mit sehr kaltem Wasser überbrausen. Dann lassen sich z. B. Kartoffeln oder Eier besser schälen.

**Altbacken:** Brot, Brötchen und Kuchen von mindestens gestern (schön trocken, dass man sie leicht reiben kann).

**Backofen:** Beim Elektrobackofen wird die Hitze in Grad angegeben, beim Gasofen in Stufen. Eine Gas-Stufe sind immer 20 °C mehr. 160 °C = Stufe 1, 180 °C = Stufe 2 usw.

**Durchschlag:** Gekochten Reis und Nudeln auf einen Durchschlag schütten und kurz abtropfen lassen.

**Experimentieren** beim Kochen klappt (meistens), wenn du Zutaten mit gleicher Garzeit austauschst.

**Eintopf** zermust nicht, wenn du zuerst die Zutaten mit der längsten und dann nach und nach die mit den kürzeren Garzeiten in den Topf tust.

**Garen:** Lebensmittel durch Erhitzen verzehrbereit machen, also alle Garmethoden vom Kochen bis zum Grillen. Garprobe siehe Seite 47.

**Gesunde Ernährung:** Bei der Deutschen Gesellschaft für Ernährung e. K. (Feldbergstraße 28, 60323 Frankfurt 7 Main) kannst du Infomaterial anfordern.

**Gewürze** mit dem Teelöffel oder dem Messer aus dem Gefäß nehmen, dann erst zum Gericht geben. Ein Zuviel verdirbt das ganze Gericht.

**Hitze:** Sie muss beim Garen immer richtig eingestellt sein. Siehe evtl. Gebrauchsanweisung eures Herdes.

**Joule / Kalorien** sind Wärmeeinheiten, mit denen man den Brennwert der Nahrung bemisst. Lass dir eine Kalorientabelle schenken!

**Mittelhitze** brauchst du zum Garkochen, zum Ankochen aber starke Hitze. Nur auf der Automatikplatte stellst du gleich die Hitze ein, die du für dein Gericht brauchst.

**Prise:** Eine Prise ist das, was du zwischen Daumen und Zeigefinger fassen kannst.

**Rohkost** ist gesund, z. B. als Vorspeise, weil sie besonders vitaminreich ist.

**Soße** kommt vom französischen „Sauce". In der Küchenfachsprache schreibt man immer noch Sauce.

**Stören:** Lass dich nicht beim Kochen stören! Telefon usw. läuten lassen! Falls doch etwas Wichtiges dazwischen kommt: Hitze abstellen und Topf vom Herd nehmen.

**Überbacken:** Etwas Gares bei starker Hitze im Grill oder im Backofen (oberste Schiene) unter einer Haube aus Sauce, Käse oder Semmelbröseln kurz knusprig backen. Gut für Resteverwertung.

**Vorheizen:** Beim Gasherd geht das schnell, der Elektro-Backofen braucht etwa 15 Minuten (Umluftherd: 7 – 8 Minuten). Beim Backen erst den Ofen vorheizen, dann den Kuchen rühren.

**Wasserbad:** In einen großen Topf mit siedendem Wasser wird ein weiterer, etwas kleinerer Topf gestellt. So gart man zarte Aufläufe und Kochpuddings oder hält Speisen warm (z. B. Reis).

**Zerkochen oder anbrennen** muss nichts, wenn du mit Küchenwecker arbeitest.

# Register